모나리자의 미소

모나리자의 미소

김종근 시집

그루
시선
101

그루

시인의 말

여행을 하다 보면 그곳에는 의미 있는 조형물이 있고 또 기이한 풍경이 있다. 사람 살아가는 곳이기에 사람과 관계된 무수한 이야기가 얽혀 있다.

오랜 세월 여행하면서 얻은 체험과 감성으로 한 권의 시집을 출간한다.

2018년 가을
김종근

차례

시인의 말　5

1

산책散策 1　11
산책散策 2　12
성장하는 모습　14
마음　16
작용과 반작용　18
신부新婦　20
또 다른 고향　22
꿈[夢]　24
봄 들판　26
매화낭자梅花娘子　27
꽃보다 아름다운 마음　28
도화桃花 속에서　30
철쭉꽃　31
벤치　32
그리움　34
가을 산　36
단풍丹楓　38
동지冬至　39

2

파도　43
해안선海岸線 1　44
해안선海岸線 2　46
서편제西便制　48
청산도　49
어시장魚市場　50
독도獨島　52
울릉도鬱陵島　53
코끼리 바위　54
조개껍질　55
메아리　56
외돌게　57
물개바위　58
우포늪　59
고석바위　60
해당화海棠花　62
진달래꽃　63
동백꽃　64

3

마애불의 미소 1	67
마애불의 미소 2	68
팔만대장경八萬大藏經	70
돌하르방	72
연화낭자蓮花娘子	74
영축산 바람	75
할미봉	76
인수봉仁壽峰	78
천왕봉의 안개	79
권금성權金城에서	80
금강소나무 1	81
금강소나무 2	82
신록新綠	84
상사화相思花	85
도라지꽃	86
동자꽃	87
사랑	88
눈[雪]	89

4

에펠탑	93
천상계天上界를 생각하며	94
진실의 입	96
모나리자의 미소	98
피사탑	99
미완성의 미학	100
DNA	102
조물주의 실수	104
체스기 크롬로프 마을	105
생각하는 사람	106
이발사의 다리	107
게트라이데 거리	108
동화마을	109
비엔나 왈츠 연주회	110
구스타프 크림트의 키스	111
키스바위	112
하롱베이	113
무이산	114

해설

시적 압축과 형상적 이미지 _ 권기호　116

1

산책散策 1

호젓한 뜰이 있다
외로운 산길이 있다
바닷가 한적한 모랫길이 있다.

나는 그런 곳에서
산새 소리에 귀 기울이며
야생의 꽃빛에 매료되기도 하며
노을빛 안고 출렁이는
파도 소리 들으며
황홀한 순간이 주는
혼자만의 시간에 잠긴다.

돌아오는 길
원초적인 빛깔과 야생의 소리를
시의 날개 위에 얹어 보지만
나는 번번이 빈 날개로 돌아올 뿐이다.

쓸쓸한 날개 퍼덕이며
고독한 모습으로 돌아올 뿐이다.

산책散策 2

찔레나무의 하얀 미소들이
가득 차 있는 호젓한 길을
숲은 제 품속에 조용히 간직하고 있다.

누군가 연서라도 써서
강물에 띄우면
그 사연 결국
그리운 사람 가슴까지 닿아
번지는 노을로 출렁일 것 같은
무늬 실은 바람 되어
실버들 가지 맴돌다
다시 나의 가슴 젖게 한다.

오늘도 서녘에 남은 햇살
흐르는 물결에
그녀가 남긴 눈웃음 뿌리며
보이지 않는 곳까지
소곤거리며 흘러가고 있다.

맑게 저무는 하루
느닷없이 아려 오며 설레게 하는
남은 햇살과 바람 때문에
나는 어둑해질 때까지
혼자 정처 없이 걸으며
끝없이 서성거리고 있는 것이다.

성장하는 모습

씨앗이 제 자신의 틀을 깨며
떡잎으로 돋아나고
떡잎이 제 자신을 부정하며
줄기로 자라나고
줄기는 다시 푸른 잎들로 피어나고
푸른 잎들은
또다시 꽃잎을 피워내고 있다.

하나의 꽃이
새로운 씨앗으로 잉태되는 것처럼
제가 지닌 틀을 부수면서
새로운 형상으로 성장하고 있다.

햇살과 비를 맞으며
서로가 서로에 영향을 주면서
보다 성숙한 모습으로 변모해 가는 것이다.

우리 사회도 저처럼
낡은 제도의 틀을 깨고

새로운 형상 만들어
서로에게 생긴 앙금 가라앉히고
잘 삭혀진 형태로 변모해 간다면
눈부신 향기
가득한 모습으로 성장해 갈 것이다.

마음

서로의 마음 벽돌처럼
차곡차곡 쌓아
탑처럼 견고하게 만들 수 있는 것이라면

서로 마음 포개어
오랫동안
웃을 수 있는 시간
그대로 간직할 수 있는 것이라면
더 이상 편안하고
다행스러운 일이 없을 것이다.

살아 있어 피가 도는 마음이란
늘 꿈틀대며 움직이는 것이어서
바다처럼
손에 잡히지 않고 벗어나는
정처 없는 것이어서
한자리 붙박여 있지 못하고
항시 떠돌고 있는 것이다.

다시 제자리로 돌아오기 위해
부단히 상처받고 뉘우치기도 하면서
언제나 숙명처럼 떠돌고 있는 것이다.

작용과 반작용

서로 등 돌려 앉아 있어도
보이는 풍경 서로 달라도
꿈꾸는 각도가 어긋나 있어도
결국 서로 마주보기 위한
예비 운동 같은 것이라 생각해 본다.

모든 것은
보이지 않는 작용에 의해
끝내는 같은 지평선으로
나아가는 것이라 생각해 본다.

우주가 팽창해
별과 별 사이 멀어져 가도
처음 한 점에서 분리되었듯이
어느 땐가 서로의 중력이 있는 한
결국 하나의 원점으로 되돌아올 것이다.

서로가 서로를 믿기에
작용이 반작용을 낳아

한순간 다른 방향으로 갈지라도
서로 마주보기 위한
몸짓이라는 것을 우리는 알기 때문이다.

적도에서 나비의 날갯짓이
차츰 커다란 태풍을 이루듯이
그의 작은 눈짓 하나하나가
마치 커다란 만남이나 사랑이 되듯이

신부 新婦

화창한 봄날
네 얼굴엔 하얀 꽃이
곱게 피어나고 있다.

누가 말해 주지 않아도
봄 풍경은
활짝 핀 벚꽃처럼
축복의 말씀 조용히
네 어깨 위에 내려놓고 있다.

이런 날
나는 네 손을 잡고
네가 떠나가야 할 부두까지
허전하고 애잔한 마음 추스르며
한 발 한 발 옮길 수밖에 없다.

오늘 너를 보내는 내 마음보다
떠나는 네 마음이 더 아프다는 걸
내 어찌 모르겠냐만

또한 힘들고 어려운 것들이
가끔 너를 슬프게 한다는 것
내 모르는 바 아니지만

너는 부디 환한 봄꽃처럼
늘 미소 가득한 마음 안고
푸른 가지 뻗으며
슬기롭게 살기 바란다.

또 다른 고향

한곳에 오래 붙박여 살다 보면
그곳이 또 다른 고향이 되는 것이다.

어린 시절 고향 떠나 살아온
내게도 남들처럼 향수가 배인
들과 실개천이 있었다.

지금 내가 사는 이곳에도
어린 그때처럼
가끔 산새 소리도 들리고
아파트 너머 먼발치
조그마한 야산도 보인다.

이웃들과 인사 나누고
같은 층계 오르내린 지
어언 수십 년
그동안 그쪽 어른들
세상 떠나시는 것 보았고
자녀들 혼사 치르시는 것도 보았다.

그 세월 동안
서로 정표 나누며
고향처럼 된 것이다.

낯선 풍경 속에서도
오랜 시간 생활의 터전 잡고 살다 보면
이웃들 인정 차곡차곡
마음속에 쌓여
그곳이 또 다른 고향이 된 것이다.

꿈 [夢]

꿈에 학 한 마리 하늘로 솟았다
그러자 그 학이 앉았던
바위도 함께 공중에 떠올랐다.

신기한 꿈이었다.
무거운 바위가 새처럼
어떻게 공중에 부양될 수 있는가.

꿈속이지만
새와 함께 날아가는 모습은
사뭇 경건한 순간이었다.

어떤 지독한 신념이나 믿음 없이는
그것은 불가능한 일로
나는 문득 부석사에 있는
바위에 얽힌 이야기를 떠올렸다.

 천여 년 전
 어떤 임의 뜻에 따라

공중으로 떠오르던 부석사의 그 바위도
아마 저처럼
어떤 신념 때문에
공중에 부양되었을 것이다.

봄 들판

들판에 남아 있는 찬 기운
아지랑이
따뜻한 손길로 어루만지니

오래 움츠려 있던
냉이, 달래도
조금씩 눈뜨고 있다.

땅속에 묻혀 있던
뱀, 개구리도
드디어 기지개 켜며
서서히 움직이고 있다.

내 속에 깊이 잠자던
야생의 그리움도
봄기운 따라
서서히 꿈틀대고 있다.

매화낭자 梅花娘子

봄이 오는 아파트 단지 내에
꽃순 활짝 터트린
매화꽃들 싱싱한 모습 보이고 있다.

이른 봄 차가운 바람에
사람들 앞가슴 단추 동여매고 있는데

아파트 건물 사이
청순한 매화낭자들 환한 미소 지으며
상큼한 향기 뿜어 주고 있다.

우리 모두에게 움츠린 가슴 펴라고
봄기운 뿌리며 웃고 있다.

꽃보다 아름다운 마음

저 벚꽃나무
얼마 전
새색시처럼 숨겨 둔 마음
겨우 드러내어 환하게 웃더니
언제 저렇게
푸른 옷으로 갈아 입고 서 있나.

한때 한순간
에이는 마음은
누구에게나 있는 것
저 꽃도 그런 길 거쳐
어떤 어둠 삭여
환하게 웃고 있었을 거야

우리에게도 그것은
수시로 반복되는 것으로
마음 굳어져 버리면
벚꽃 같은
환한 감정은 남지 않을 거야.

매번 일어나는
이런 순간은
늘 어루만질 수 있기 때문에
사람의 마음
때론 꽃보다 아름다운 것 같아.

도화桃花 속에서

너무 여리지도 않는 빛깔이
너무 진하지도 않는 빛깔이
설레듯 설레듯 번지고 있다.

도화 그늘 밑에
장다리, 민들레 같은 것도
조용히 제 색깔 물들이고 있는데

처음 싹튼 그리움이
그만 부끄럽게 드러나
달아오른 두 볼
바람 속에 물결치는 모습에서

나도 모르게 어느 혼령에게 홀린 듯
정신 놓게 되는 한나절
연분홍빛 끝 간 데 없는 곳으로
아늑히 나를 이끌고 있다.

철쭉꽃

소백산 자락에
붙박여 사는 붉은 영혼
오월의 하늘 물들이고 있다.

가지마다 꽃망울 달고
고운 햇살 속에
정갈한 모습으로 피어나고 있다.

소쩍새도 꽃빛이
제 그리움인 양
달빛 속 그걸 흉내 내며
목 가다듬어 노래하고 있다.

그 소리에 여린 내 마음도
속절없이 꽃빛에 젖어들고 있다.

벤치

수업 없는 빈 시간
나는 곧잘 강당 뒤
호젓한 벤치를 찾는다.

도시의 중심에서 떨어진
이곳 교정은
가끔 산새들도 푸드덕거리고
다람쥐도 재빠르게 나무에 오르기도 한다.

오랜 동안
구름들 산릉선에 누워
떠날 줄 모르고
바람도 한가로운 내 마음 아는지
조용히 흐르고 있다.

나는 쫓기는 시간 접어놓고
벤치 주변에 푸르러 가는
나무 그늘에 앉아
내가 처음 부임하던

삼십여 년 전의 세월로 돌아가 본다.

그동안 수능이다, 시험이다
숨 가쁘게 아이들을 몰아세웠지만
지나간 세월 동안 내가 교단에서
"하라"는 긍정적인 말보다
"하지 말라"는 부정적인 말을
수없이 반복해 온 것 같아 안타깝다.

그리움

내 그리움
한때 잡초처럼 무성하더니
처마에 떨어지는
가을 햇살과 함께
차츰 야위어 가고 있다.

시간이 모든 인연
쓸어 간다는 것을
지금 서산에 걸린
햇살이 말하고 있는 것처럼
지금 타고 있는
노을이 말하고 있는 것처럼

노을빛을 싣고
다시 돌아오지 않는
시냇물 소리가
말해 주고 있는 것처럼

돌이킬 수 없는

시간의 문설주에 기대어
나는 오래 말문 닫고 있는 것이다
오래 혼자되어 있는 것이다.

가을 산

보석 속에 비치는 스펙트럼의 빛깔이
바람 타고 산에 오르니
모든 풍경이 불타고 있다.

"어머, 참 곱다!"는
서울 아주머니의
정갈한 목소리는
일상에 허전했던 그녀의 마음
고운 단풍으로 채우는 것 같고

"그 색깔 한번 억시게 좋다"고
경상도 사투리로 갈기는
투박한 아저씨 말투 속에도
가을의 정취가 그대로 드러나고 있다.

계절이 담고 있는
풍경 속에
사람들 마음 단풍처럼 익어 가고

햇살 빛나는
가을 산 속에
서로 붉게 익어 잡은 손들
단풍나무가 단풍나무로 손잡아
서로 붙박여 있게 된다.

단풍 丹楓

바람이
붉은 스펙트럼을 타고
온 산을 채색하고 있다.

노을과 함께
골짜기 물빛도
주황색으로 물들이고 있다.

다람쥐 눈망울도
주황빛에 물들고
산까치 소리도 붉게 물들어
내 귓속까지
뜨겁도록 자자들고 있다.

온 산에 채색된 그 빛이
내 몸 세포 하나하나까지
스며들고 있다.

동지 冬至

지구의 자오선
북쪽으로 기울어
밤의 그림자 한껏 늘어져 있다.

사람들
서로의 체온 그리며
두꺼운 이불 속
찾아들 때가 온 것이다.

잠 못 이루는 긴 밤
오래 잊고 있었던
지난날의 얼굴 떠올리는
시간도 온 것이다.

그러면서 쓰다 만
젊은 날의 일기장
다시 아리게
오래 읽어 볼 시간도 온 것이다.

파도

저 영원한 에너지를 무엇이라 할까.
고생대부터 지금까지
끊임없이 출렁이고 있는
저 쉼 없는 몸짓을 무엇이라 할까.

억센 힘으로 부딪치고 쓸어버리는
거대한 바윗돌도 몽돌로 만드는
저 끊임없는 일렁임을 무엇이라 할까.

무기물이지만 살아 있는 감성으로 움직이는
잔잔하다가도 격하게 밀어치는
저 영원한 에너지를 무엇이라 할까
그냥 물질이라 할까 정신이라 할까.

인류보다 먼저 있었고
인류보다 더 오래 남을
저것을 도대체 무엇이라 이름 붙여야 할까.

해안선 海岸線 1

물은 무엇이든지
둥글게 감싸고 안는다.

비가 하늘에서 떨어질 때
둥근 물방울처럼
땅에서도
모든 것을 깎아
둥글게 둥글게 만들어 놓는다.

해안가에서
오랜 세월
파도가 둥글게 안으로 모양 지어
부드러운 모래와 몽돌들을 깔아 놓았다.

바닷가에서
때로 우리가 안식을 얻은 것은
어머니 품안 같은
아득한 곡선이 있기 때문이다.

그리고 그런 품안에서
수평선 바라보며
꿈을 키울 수 있기 때문이다.

사물을 둥글게 보는 지혜로
일상을 부드러운 선으로 만들면서
무엇이든지 감쌀 수 있는 마음임을
우리는 여기서 배울 수 있다.

해안선 海岸線 2

물은 그릇에 따라 모양을 만든다.

해안가로 밀려드는 바닷물도
유선형으로 흐르려는
본래의 성질 때문에
모난 바위도 둥글게 만든다.

바다 향한 각진 바윗돌도
소용돌이치는 물을 안으면
날카로움은 닳고 닳아
둥근 모양으로 변한다.

이처럼 우리가 살아가는 세상도
모난 마음 깎아
둥글게 보듬어 준다면
서로 어우러지는
부드러운 모습으로 남을 것이다.

사물을 둥글게 보고

일상을 유선형으로 생각하며
가난한 이웃에게
따뜻하게 손잡아 준다면
해안선처럼
곡선으로 이어져
포근한 세상이 될 것이다.

서편제 西便制

가슴 깊이 도는 가락으로
목청 꺾으며
파도 소리처럼 밀려오고 있다.

애절한 노랫소리
갈대숲 바람으로 실려 와서
찬 서리에 떨면서
울먹이며 오고 있다.

모진 애비와 눈먼 딸의 손
서로 놓을 수 없듯이
질긴 인연
끊을 수 없는 시간의 고리로
소리는 산릉선 타고 오는데

풍문처럼 산야 헤매는 애조 띤 소리는
때론 봄이랑 출렁이는 보리밭이었다가
유채꽃 언덕 출렁이는 향기이기도 하다가
다시 노을 속에서 목젖 타며 다가오는 것이다.

청산도

서편제의 애절한 소리가
파도소리에 실려 오고 있다.

가슴 깊은 곳으로 파고드는
한恨 서린 소리가
파도소리에 실려 오고 있다.

그 소리에는
서편제의 영화처럼
애비의 손에 불구가 된
딸의 한이 시간을 넘어
애절한 소리로 바람결 따라오고 있다.

이제 그 소리는 전설로 남아
보리밭 이랑마다 넘실거리며
유채꽃 향기 가득 담아
청산도 머무르는 나의 가슴에
푸른 이슬비 되어 내리고 있다.

어시장 魚市場

닻 내린 뱃전에
파도 장단 치듯 두드리고
밤새 그물 쳐 잡은 고기
이른 아침 어부들 바쁘게 옮기고 있다.

아직도 등대 허리 감고 있는 안개는
비릿한 갯벌 냄새 묻혀 오는데

어판장 가득 메운
목쉰 흥정 따라
고기들 비린 숨결 뿜으며
마지막 물살 튕기고 있다.

다시 만선滿船 꿈꾸는 어부들
졸음 겨운 시간 속에서
잠시 그물 손질하느라 손놀림 바쁜데

저만치 안개 지우며
햇살 기지개 켜는 시간

파도에 뒤뚱거리던 배들
안개 뱃길 열어 주자
뱃고동 울리며 수평선 향해
또 다림질하듯 미끄러져 간다.

독도 獨島

무한의 시간 속에서
웅크려
지긋이 견디고 있다.

불 밝히는 촛대처럼
묵묵한 코끼리 형상처럼

파도 속에서
삼형제굴
바위 혼 살아나

겨레의 마지막 자존심인 듯
동해 바다 지키고 있다.

울릉도 鬱陵島

수평선 첫 햇살

독도의 촛대바위 먼저 받아
울릉도 성인봉에 보내면

그것을 경주 토함산 이어받아
지리산 천왕봉까지 보낸다.

이 절묘한 자연의 리듬은
울릉도 내수전內水田 전망대展望臺에서
가장 잘 보인다.

코끼리 바위

물결 위에 있는
코끼리 바위
때로 초목 뜯는
모양으로 서 있다가

파도 소리에도
꼼짝 않고
바다 속에 코를 박고
물속 역사의 흔적
응시하는 모습이기도 하다가

고개 들어
움직일 듯 포효할 듯하다가

그대로 화석으로 굳어져
울릉도 파수꾼으로
수평선 밖 변화만 감지하고 있다.

조개껍질

조개껍질은 어디에 두어도
본래의 모습 지니고 있다.

베란다에 두어도
화분에 두어도
조개에 새겨진 무늬
파도의 여운 지니며
바닷가 분위기 살려 내고 있다.

한밤 희미한 달빛에서 보면
바닷물에 씻기던 그때처럼
영롱한 빛깔 되살려
달빛에 아늑하게 화답하고 있다.

순간 여린 바람이라도 스치면
스스로 들릴 듯 말 듯
작은 파도 소리까지 읊조리며
내 귀에 조용히
바다의 한 때를 속삭이고 있다.

메아리

김남주 생가를 방문하던 날
나는 세찬 바람 맞으며
나도 모를
비바람 속으로 빨려들었다.

시대가 한동안 그를
표본실의 박제처럼 붙박아 놓았지만
그의 소리는 메아리처럼 회오리쳐
아직도 그의 방
좁은 벽을 밀치며 퍼덕이고 있었다.

부조리를 외면하고
모두들 편안히 잠자던 밤에
이글거리는 그의 눈망울이
캄캄한 벽을 박차고 있는 것이다.

그의 몸부림이 어떤 울림으로 변하여
시대의 장벽 넘어
하나의 해일처럼
우리에게 다가온 것이다.

외돌게

수평선 향해
대퇴부 근육 뻗치며
막 떠나려는
검은 물개 바위

백악기 이후
똑같은 모습으로
늘 출발 꿈꾸고 있지만
어느덧 출발이 종점이 되어 버린 바위

견뎌 온 긴 세월
피부의 각질 다 벗겨지고
머리엔 키 작은 소나무들
이끼처럼 붙박여 있지만

그는 숙명처럼
출발의 습성 버리지 못하고
출발만이 최고의 이데아인 듯
아직도 수평선에 시선 붙박고 있다.

물개바위

바닷가에 솟아오른
물개 모습의 바윗돌
금방이라도 밀려오는 파도 가르고
저 멀리 헤엄쳐 나갈 것 같다.

오랜 세월 풍파에 시달려
피부 숭숭 뚫리고
여러 모양으로 갈라졌지만

머리에 자란 푸른 소나무
할아방 기다리는
할망의 변함없는 마음처럼 버티고 있다.

삼각파도 계속 철썩거려
할아방 애타게 부르는 소리로 울려오다가
그러다 그만 지쳤는지
오랜 침묵 속에 잠기고 있다.

우포늪

누가 저 늪에
자연의 양수
가득 담아 두었나.

살아 있는 것들 모두
그 속에 살아 숨 쉬고
새로운 양수 쉴 새 없이 돌고 돌아
생명의 젖줄 이어 가고 있다.

늪의 여인들
제 몸속에 흐르는
양수 맥박 잡아
자운영 가시연꽃 물억새
계절에 맞춰 향기롭게 피워내고 있다.

오늘도 우포늪에는
모든 것들 살아 꿈틀대고 있는데
정오의 시간
빛나는 햇살 가득 안고
생명의 신비 계속되고 있다.

고석바위

고독처럼 엉긴 바위가 있다
침묵처럼 엉긴 바위가 있다
속으로 잦아드는 어떤 울림처럼
외로움 품고 있는 바위가 있다.

초겨울 빈 가지 무성한
이곳에 오면
더욱 그런 분위기 던져 주고 있다.

어쩌면 이 바위 속엔
역사의 뒤안길 헤맨
임꺽정의 영혼이 스며들어 있는지도 모른다.

긴 세월 속에
억압된 검은 침묵이
민중과 함께
바위 속에 깊이 서려 있는지도 모른다.

나는 거기서
고독한 울림 같은 것
혼자 조용히 느끼고 있었다.

침묵의 검은 그림자 같은 것
가슴 깊이 느끼고 있었다.

해당화 海棠花

바닷가
모래언덕에 오르면

그대 아침햇살 받으며
출렁이는 푸른 물결 향해
아직도 손 흔들며 웃고 있네.

뜨거운 열기 속에서
지칠 줄 모르고
계속 항해하고 있는 나를 향해
분주한 생활 가라앉히고

차분하게 항구인
이곳에 돌아오라고
미소 머금고
해당화 환하게 손 흔들고 있네.

진달래꽃

진달래꽃 저고리 입은
영취산 아래
여수 앞바다
푸른 치마 길게 펄럭이고
저고리 옷고름 속
도솔암 아늑히 담겨
불경소리 들려오고 있다.

봄이 오면 사람들
이곳 진달래 속살에 젖어
불경 소리 속에서
종일 진달래 추억을 반추하고 있다.

동백꽃

그대 차가운 계절에도
새벽부터 불 밝히는 마음 아는가.

밀려오는 파도 바라보며
마음 조아려 타는 시간 아는가.

불꽃처럼
오직 불꽃처럼
피톨 하나하나 다 태우고 나서

드디어
사위어 가는 목숨
노을처럼 붉게 타는 마음 아는가.

마애불의 미소 1

서산 용현계곡에 가면
골짜기에 우뚝 솟은
인(忍)바위에는
언제나 웃고 있는 마애불이 있다.

그 미소 따라가다 보면
절로 마음 편안해지며
내면 깊숙이 숨어 있는 안식이
봄꽃처럼 화사하게 피어난다.

아침 햇살 따라
천년을 웃고도
아직도 못다 한
미소 바라보고 있으면

일상에 찌든 누구도
그 마음 내려놓지 않을 수 없다.

어둑한 마음 안개인 듯
사라지지 않을 수 없다.

마애불의 미소 2

서산 용현계곡 마애불 미소
달맞이 꽃잎에 어리는
달무리 선이라 할까.

여름 저녁 못 물가
수련에 잠시 쉬다 가는
여린 바람의 흐름이라 할까.

한평생 살아 본 이가 마루에 기대어
어쩌면 마지막이 될
노을빛 보고
사무치게 고맙다는 듯
고개 끄덕이는 미소라 할까.

어둠 삭여 두고
가슴속 폭풍도 재워 두고
편안한 아주 편안한 저 모습은

우리의 피돌기 속에
아늑한 자장가가 되어
지금 돌 속에
숨 쉬고 있는 것이다.

지금 내 가슴에도 다가와
조용히 숨쉬고 있는 것이다.

팔만대장경 八萬大藏經

해인사 팔만대장경에서
가장 많이 보이는 글자는 무無자이다.

부처님 앞에 두 손 모아
열심히 기도하면
결국 끝에 가서 마주치는 것은
모든 것 비우고
무無로 향하는 것이다.

목탁 소리도
산새 소리도
고요한 정적도
결국 텅 빈 공간을 닮으라는
무無자 앞에 다다르게 되는 것이다.

무無가 색즉시공色卽是空이 되고
다시 공즉시색空卽是色이 되는
이치理致가 나를 에워싸고 있다.

알 것도 같고 모를 것도 같은 이 뜻을
나는 새삼 새겨보는 것이다.

돌하르방

마을 입구나
제주도 삼성三姓이 태어났다는
삼성혈三姓穴 입구 같은 곳에
수문장처럼 서 있는 돌하르방

분명 수문장은 수문장이지만
사납고 위세당당한 것이 아니라
손님 접대하듯
온화하게 두 손 모으고 있는 표정
꼭 이웃집 할아버지 같다.

제주도 사람들
돌하르방처럼 살아가기 위해
가난뱅이 만들지 않고
도둑 만들지 않고
대문 만들지 않는다.

언제나 돌하르방 온화한 외모를
마음에 담아

자신을 낮춰 서로 존중하며
마음 너그럽게 살아가기 때문에
삼무三無 자랑하며 살아가고 있다.

연화 낭자 蓮花娘子

한여름 빌딩 사이
활짝 핀 연꽃무늬 양산 걸어가고 있다.

도시의 뜨거운 열기 속
사람들 차츰 지쳐 가고 있는데

뜻밖의 미소처럼
싱싱한 연꽃무늬
환한 생기 뿜어 주고 있다.

아마 저 양산의 주인
일상의 짜증스런 빗줄기 내려와도
연꽃처럼 밝은 미소 지으며 가리라.

삶의 진흙 길 앞에 놓여도
연꽃처럼 가볍게 털고 가리라.

영축산 바람

통도사 일주문에 들어서면
영축산 봉우리에서
맑게 흐르는 바람

무슨 깨달음 읊조리듯
겨울 빈 가지 돌며
놓아라, 놓아라 한다.

그리고 다시 내 몸 휘감으며
일상의 번잡한 것
놓아라, 놓아라 한다.

사위어 가는 노을빛도
맑게 흐르는 계곡물도
바람과 함께
놓아라, 놓아라 한다.

할미봉

덕유산 육십령 고개 지나다
지팡이 짚고 손주들 앞에서
옛이야기 들려주는 할미봉을 만났다.

자연은 우리에게
바람소리 물소리 하나까지
때 묻지 않는
원초적 모습 보여 주기에
무심히 가는 산길에서도
가끔 숙연해져
잃어버린 우리의 모습 되새겨 보게 한다.

그러다 인간의 포즈 취한
자연의 모습 간혹 만나면
그 모습 닮은 일상생활을 상상하다가
어떤 상징과 같은
계시를 얻기도 한다.

산길에서 묵묵히 그냥 지나치는
우리에게 자연은
소중한 인간 뜻 잃지 말라며
늘 암시를 주고 있는 것이다.

인수봉 仁壽峰

고고한 제 모습을 드러내기 위해
흰 눈 머리에 이고 선
인수봉 보면

홀로 선 바위가 아니라
여러 개의 바위
층층이 쌓이고 쌓여
하나의 봉우리로 이루어져 있다.

마치 조선시대 선비들
지조 뜻 서로 뭉쳐
고고한 모습 보인 것처럼

서로 받들고 떠받혀
흰 눈 모양의 봉우리 이루며
고고한 모습 나타내고 있다.

천왕봉의 안개

천왕봉의 안개
온 산자락에 깔려
한 치 앞도 볼 수 없다.

장터목 대피소에 내려오니
여러 갈래의 골짜기들
안개 가득 안고
푸른 등성이만
겨우 드러내고 있었다.

칠선계곡 폭포수도
안개 속에 갇혀
한층 목청 돋우어
겨우 제 위치 알리고 있다.

비선담에 깔려 있는
자욱한 안개는
여린 석양빛 머금다
어둠 속에 묻혀 버리고
오직 내 발자국 소리만 터벅거리고 있다.

권금성 權金城에서

경건敬虔한 화필로 그려 놓은
자연의 산수화 속에
내가 섰다.

영혼 깊은 곳에 고여 있는
인간의 비린 땀 씻으며
내가 섰다.

금강소나무 1

저와 같이 싱싱한 정기精氣는
그냥 담겨진 것이 아니다.

저와 같은 당당한 모습도
그냥 이루어진 것이 아니다.

천년의 햇살
살 속에 담으며
먼 우주의 별빛
뿌리 속으로 뻗으며

살을 에는 캄캄한 밤 거쳐
바위도 갈라지는
영하의 시련 견뎌 온 것이기에

짙푸른 침묵
하늘 높이 뻗으며
눈부시게 서 있는 것이다.

금강소나무 2

곧게 높이 서 있는
금강소나무 안고
그 기운氣運 받으려
눈 감고 있다.

얼마의 시간 지났을까
차츰 내 몸 가벼워지면서
몸 밖으로 솔잎 돋아나더니
몸 전체가 뻗어 가며
커다란 금강소나무 되어
큰 그늘 만들고 있었다.

지나는 바람 소리에 놀라
언뜻 깨어 보니
이곳에 여행 온 사람들
모여 앉아
일상의 잡담 나누고 있었다.

저마다 삶의 애환 나누며
금강소나무 기운
아는지 모르는지
그냥 잡담만 나누고 있었다.

신록新綠

허전한 마음속에 싹터
훈훈한 대화로 입김 전달하는
연초록 잎으로 자라났으면

메마르고 찌든 마음속에서
이슬처럼 맑고 부드러운
웃음으로 넘쳐났으면

어둡고 궁핍한 마음속에서
밤새 잠 못 이루는 이들에게
언제나 트여 오는
하나의 새싹이 되었으면

모두들 마음에 각인되어
끝없는 수평선을 향하는
하나의 돛단배가 되었으면

상사화 相思花

그대 저무는 노을의
타는 가슴 아는가.

하나의 별빛 바라보며
거울처럼 비추고 있는
물위 수면의 깊은 가슴 아는가.

운명처럼
오직 운명처럼
그리움 새겨 두고

붉게 사위어 가는 목숨
조용히 읊으며
다만 안타까움으로 견뎌야 하는
쓰리고 뜨거운 가슴 아는가.

도라지꽃

그대 깊은 산속에
꽃피우는 마음 아는가.

숲의 바다 속에서
상냥한 미소처럼
언제나 상냥한 미소처럼

오직 기품 있게
영원히 변치 않는
마음 깊이 새기며

연보랏빛 저고리 입고
조용히 바람에 흔들리며
호젓한 모습으로
오직 웃고 있는 그 마음 아는가.

동자 꽃

저 꽃 모습 좀 봐
주홍빛의 꽃망울
까까머리 동자 닮았네.

꽃잎들 하나같이
산길 아래 바라보고 있어
꼭 누군가 기다리고 있는 것 같아.

마치 인연이 닿으면
기다림 현실로 나타나
환한 소망이 되는 것처럼.

스스로 바람에 흔들리지 않고
새소리에도 슬퍼하지 않고
은근한 마음을 지니고
참고 기다리면
꼭 소망이 이루어지는 것처럼.

사랑

이른봄 벚꽃처럼
환하게 다가오기도 하다가

연초록 잎 되어 순수하게
지나는 비바람 젖으며
마음 여리게 자라나기도 하다가

때로 한여름의 장미처럼
붉게 피어
진하게 타기도 하면서
어지러운 향기 내뿜기도 하다가

서로의 마음
보이지 않는 자석이 되어
팽팽한 긴장을 이루는 것이다.

눈[雪]

밤새 내린 눈
하늘이 준 축복일까.

세상은 온통 백색으로 이어져
금수저, 은수저, 흙수저라는
신분 없는
평등한 세상 만들고 있다.

눈은 저처럼
높낮음 없이
으스대는 갑질도 없이
순수하게

골고루
우리 모두
포근하게
안아 주고 있다.

4

에펠탑

근육질의 강인한 쇠붙이가
여성의 세련미로 높이 솟아 있다.

군더더기 없이 잘 다듬어진 맵시로
고즈넉이 솟아
옛 건물들 굽어보면서
파리의 중심이 되어
장곡토*의 노래 속에 흐르고 있었다.

밤 되면 화려하게 불을 켜
더욱 살아나는 탑의 모습 따라
센 강도 불빛 싣고
동맥처럼 흐르고

아폴리네르*가 노래하던 사랑은
아직도 사람들의 마음 뜨겁게 달구면서
과거에서 미래로 흐르고 있는 것이다.

＊장곡토, 아폴리네르 : 20세기 초, 프랑스의 시인.

천상계天上界를 생각하며

비행기 창밖
지나는 구름을 보면서
문득 소련의 우주 비행사 가가린이
"우주 공간 어디에도 신이 없었다."는
말이 떠올랐다.

우리 고전문학 두루 섭렵해 본
지금 내 눈에도
소설 속 신선이나 선녀 보이지 않고
눈부신 햇살만 비추고 있다.

눈에 보이지 않는
천상계나 지하계의 이야기는
현상계의 이야기가 아니라
물질 저편
인간 정신과 감성의 영역일 것이라고
다시 한 번 생각해 보았다.

수학적 공식이
영혼의 영역을 계산할 수 없듯이
어쩌면 천상계는
지금 바로 내 옆에 있지만
내가 그것을 실감 못하고 있는지도 모른다.

진실의 입

거짓을 말한 죄수가
입 안에 손을 넣으면
손이 절로 잘렸다는
조각상 앞에 섰다.

나도 일행과 함께
입 안에 손을 넣어
원래 그대로인 손 내보이고
환호성 터뜨리며 좋아했다.

모두가 셔터 누르며
내 거짓의 몸짓
모르는 채
촬영해 주고 있었다.

그런 내 모습
평소 내 허물
너그러이 받아 준 아내도
멀찍이 서서 웃고 있었는데

이상한 것은 이날따라
하늘에서 내려온 해살이
유달리 따갑게
나를 되쏘고 있는 것이었다.

모나리자의 미소

액자 속에는
그녀가 머금고 있는
풀이할 길 없는 미소만 가득하다.

넘치는 웃음이 아니라
볼 속에 지긋이 머금고 있는
기쁜 듯 슬픈 듯
흘리고 있는 미소가
아득히 뻗어 간
그녀의 배경 속으로
잔잔히 흐르고 있었다.

여백의 공간이
수수께끼의 미소와 섞여
어떤 알 수 없는
안식으로 이끌고 있었다.

어머니 품안 같은 공간 속으로
나를 아주 편안하게
한없이 이끌고 있었다.

피사탑

곧 기울어질 것 같은 위태함이
훌륭한 관광 명소가 되고 있었다.

좀 더 기울면
역사 속에 묻혀 버릴 건축물을
조금은 신기하게
조금은 경이롭게
나는 바라보고 있었는데

마치 있음과 없음의 한 경계를
삶의 순간과 연관 지어 보듯이

나는 멀리 떨어져
오래 음미하고 있었다.

미완성의 미학

미켈란젤로나 다빈치의 위대한 작품
또는 피카소도
한 작품을 마무리하면서
어딘가 미진해 보이는 구석이 있다고
작가 스스로 생각하고 있었던 것 같다.

작품 자체가 완벽한 것이었다면
그들은 더 이상
창작하지 못했을 것이다.

작품 속에 미진한
무엇이 남아 있었기 때문에
그 여백 메우려고
계속 다음 작품 생산했던 것이다.

모나리자의 미소 속
여백의 공간이 그렇고
피카소의 "게르니카의 학살"이란 작품에서
끝나지 않는 말들의 절규가 그렇다.

아마도 이런 부분이
독자의 감성을 자극하기도 하고
또 감동을 주고 있는 것인지도 모르지만

예술이란 끊임없이
부족한 여백을 채우는 것이라고
나는 루브르 박물관에서 생각해 보았다.

DNA

내 DNA가 있기까지
무한의 시간이 흘렀을 것이다.

처음 빅뱅에서
지구가 탄생하기까지
수억 광년의 세월이 흘렀을 것이다.

내 세포 속에는
아득히 먼
내 아버지와 그 아버지의
느낌과 생각들을 고스란히 이어받아
내 혈관 속에 흐르고 있는 것이다.

내 의식 속에서
먼 조상의 정서들이
퇴적층처럼 DNA에 박혀
그렇게 느끼도록 하고 있는 것이다.

나는 그런 DNA 지시대로
지금껏 이렇게
생활을 영위하고 있는 것이다.

조물주의 실수

천지를 창조한 조물주는
인간에게 평화로운 낙원을 주었고
생각이라는 DNA를 주었다.

조물주의 실수는
인간에게 생각이라는
DNA 만들어 준 데서부터 시작된 것 같다.

인간에게 생각이라는 DNA를 주지 않았다면
조물주의 영역인 에덴동산에 머물면서
그대로 순응하며 살아갔을 것이다.

그러나 생각이라는 DNA 때문에
욕망이라는 DNA가 생겨나서
서로를 비교하게 되었고
서로 시기하며 삿대질하고
파멸해 가는지 모른다.

미켈란젤로의 "최후의 심판"을 보고
나는 이런 생각을 곰곰이 해 보았다.

체스기 크롬로프 마을

우리의 산하 모습과 사뭇 다른
서구의 산이나 도시를 지나
체스기 크롬로프 마을에 오니
이곳의 자연은
꼭 우리네 마을 풍경과 닮았다고 생각되었다.

아늑하게 감도는 강과 산들이
자연스런 요새처럼
편안하게 감싸고 있어
마치 하회마을 같은 느낌이 들었다.

이곳 사람들 역시
모두 한 씨족이나
그 씨족의 집성촌이라 생각되었다.

이국적인 빨간 지붕이나
흰 담벼락이 아니었다면
꼭 하회마을 옮겨 온 것이란 생각이 들었다.

생각하는 사람

생각도 치열하면
저처럼 고체로 굳어지는 것이다.

세포 하나하나
생각의 감옥에 가두어
진한 밀도 속에
근육들 굳게 입 다물고 있다.

지금 나는
로댕의 조각 앞에서
파열하는 고뇌의
강한 침묵을 본다.

마그마를 뚫고 치밀어 오르는
바위 속 절규 같은 것을 본다.

이발사의 다리

죄도 없으면서 죄를 자청하여
스스로 죽음을 택한 이발사의 희생 때문에

편안한 생활을 하는 이웃들이
그의 희생을 기리기 위해
이름을 붙인 다리가 이발사 다리였다.

그의 희생이 없었다면
수많은 사람들이
애꿎은 곤욕을 치렀을 것이다.

광란의 권력 앞에서
진정한 용기는
나보다 남을 위해 희생하는
용기 있는 행동이
위대한 가치란 것을 알게 되었다.

게트라이데 거리

모차르트가 십칠 세까지
살았다는 노란색 건물

그곳에 만들어진 게트라이데 거리
그곳 간판 참 인상적이었다.

간판 글자 아래
그림도 그려 넣어
글 모르는 사람들에게도
생활에 불편함 없도록 인도하고 있었다.

먼저 간 모차르트를 기리기 위해
이곳 지도자들은 서민들 위해
세심한 곳까지 배려하고 있었다.

동화마을

장그트 볼프강 마을의 지붕들
붉은색으로 단장되어
꼭 동화 세계에 온 것 같았다.

알프스 산자락에 위치한
이 마을 자연 환경은
동화의 분위기를 더욱 돋우고 있었는데

여기에 오면
맑은 햇살 속
호수의 미소까지
동심으로 이끌지 않는 것이 없었다.

비엔나 왈츠 연주회

왈츠로 유명한 비엔나에
연주회 관객으로 참석했다.

몇 차례 곡이 바뀌고
분위기가 무르익을 무렵
바이올린 연주하던 지휘자가
갑자기 내게 다가와
트라이앵글을 연주해 보라고 한다.

이국땅에서 느닷없는 요구를 받고
퍽 당황했으나 마음 가다듬어
바이올린 연주 따라
한 박자씩 트라이앵글 치게 되었다
차츰 분위기에 젖어
더욱 흥겹게 치게 되었다.

연주회가 끝나고 밖으로 나오니
관객들 나를 알아보고
엄지손가락 치켜세우며 미소 짓고 있었다.

구스타프 크림트의 키스

몸속 뜨거운 영혼
서로 만나면
저렇게 황금빛 오로라 같은 것
번져 나오는 것일까.

캄캄한 거리 사이에 두고
오래 떨어져 있던 그리움
드디어 하나로 마주치면
저렇듯 황홀한 마그마 뿜어내는 것일까.

생명의 원초적 포즈 앞에
사람들 모두 숙연해져
말문 닫게 하는데

도대체 저 신비한 에너지는
우리들 하늘 위
어느 별자리에서 오는 것일까.

키스바위

바다 위에 비친
노을빛 사위어 가듯이
쉽게 변화고
쉽게 식어 버리는
우리들의 마음 앞에

자연은 약속이 무엇인지
서로 지녀야 할
뜨거움이 무엇인지
하롱베이 키스바위
하나의 상징처럼 보여 주고 있다.

마치 두 개의 넋이
서로의 혈관 속에 스미며
원초적 향기 입으로 삼키는
두 개의 포즈가

황홀한 모습 그대로
태초부터 있어 온 듯
지금 내 앞에 붙박여 있다.

하롱베이

여기선 각 풍경의 모습마다
제각기 독특한 운치를 지니고 있다.

산릉선의 빛깔이나
파도의 잔 물살까지
제각각
하나의 상형문자가 되어
우리에게 다가오고 있다.

도솔천의 하늘 위에
천상의 산봉우리들
듬성듬성 옮겨 놓은 것 같은
하롱베이 풍경에서
나는 인간의 때 묻은 언어로는
다가갈 수 없는
하나의 상형문자의 세계를 보았다.

세속적인 언어로는
접근할 수 없는
신비롭고 경이로운 세계를 보았다.

무이산

주자의 성리학 뜻 담은
무이구곡
제일곡에서 옥녀봉 지나
신선의 경지에 이른다는
구곡까지 오니

일찍이 영남 사림파 퇴계 선생이
어째서 간곡하게
도산십이곡을 노래했는지
여기 와서 알게 되었다.

굽이굽이
물길 따라 오르니
그곳은 벌써 인간의 세상을 벗어나 있었다.

신선들만이
발을 내릴 수 있는
그런 곳이 펼쳐져 있었다.

해설
시적 압축과 형상적 이미지

권 기 호 시인, 문학평론가, 경북대학교 명예교수

해설

시적 압축과 형상적 이미지

권 기 호 시인, 문학평론가, 경북대학교 명예교수

    이미지와 이미지의 연결을 엘렌 데이트는 'Tension'이라는 말로 표현하고 있다. 외연extension과 내포intension의 연결에서 오는 시적 긴장을 그렇게 표현하고 있다. 'Tension'이라는 말은 압축이라는 말로 바꿔서 말할 수 있는데, 김종근 시인의 작품집 『모나리자의 미소』는 그런 것을 잘 보여주고 있다.
    이 작품집에서 가장 먼저 눈에 들어오는 작품은 「생각하는 사람」인데, 이는 로댕의 조각 작품을 노래한 것으로 돌이 지닌 형상과 침묵의 세계를 나름대로 잘 나타내고 있다.
    일찍이 시인 「릴케」도 로댕의 작품에 감동해 스스로 로댕의 비서로 일한 일이 있지만 그만치 그의 조각이 주는 예술적 압축과 밀도가 그 시대 사람들에게 강력하게 다가왔기 때문일 것이다.

생각도 치열하면
저처럼 고체로 굳어지는 것이다.

세포 하나하나
생각의 감옥에 가두어
진한 밀도 속에
근육들 굳게 입 다물고 있다.

지금 나는
로댕의 조각 앞에서
파열하는 고뇌의
강한 침묵을 본다.

마그마를 뚫고 치밀어 오르는
바위 속 절규 같은 것을 본다.
—「생각하는 사람」 전문

  이 시에서 내포內包와 외연外延은 생각과 고체, 생각의 감옥과 밀도, 파열하는 고뇌와 침묵, 마그마와 바위 속 절규 등이 서로 대칭되는 것들이 연결되어 시적 'tension'을 이루고 있다. 이 긴장이 주는 시적 압축이 결과적으로 돌의 침묵과 융합되어 작품 「생각하는 사람」의 밀도를 더해 주고 있다.

  이런 미적 긴장감은 「구스타프 크림트의 키스」에서 볼 수 있는데, 「생각하는 사람」은 돌의 침묵과 결부되어 있다면,

「구스타프 크림트의 키스」에서는 황홀과 압축되어 있다.

>몸속 뜨거운 영혼
>서로 만나면
>저렇게 황금빛 오로라 같은 것으로
>번져 나오는 것일까.
>
>캄캄한 거리 사이에 두고
>오래 떨어져 있던 그리움
>드디어 하나로 마주치면
>저렇듯 황홀한 마그마 뿜어내는 것일까.
>
>생명의 원초적 포즈 앞에
>사람들 모두 숙연해져
>말문 닫게 하는데
>
>도대체 저 신비한 에너지는
>우리들 하늘 위
>어느 별자리에서 오는 것일까.
>―「구스타프 크림트의 키스」 전문

 구스타프 크림트의 작품 중에 일반적으로 널리 알려진 이 작품은 자칫 통속적인 톤으로 흐르기 쉬운데, 이 작품은 그런 기우를 벗어나 시적 압축으로 성공해 보이고 있다. 그러니까 키스의 포즈를 생명의 원초적인 모습으로 환원시키면서 뜨거운 영혼의 오로라가 되고, 그리움이 마그마로 살아나고 있는 것이다. 또한 신비한 에너지를 하늘의 별자리와 연결시키고 있는 것도 특이해 보인다.

 이 작품 이외 「모나리자의 미소」, 「미완성의 미학」 등은 앞의 작품들과 같은 계열이라 할 수 있는데, 이 작품들은 이 시인이 시로 쓴 하나의 예술론이라 할 수 있다.

 「모나리자의 미소」를 노래하면서, 그 미소가 보여주는 수수께끼를 차분한 톤으로 전개하고 있다. 그리고 그 신비의 여백을 어머니의 품안과 안식으로 귀결시키고 있다. 이 모나리자의 여백을 「미완성의 미학」과 연결시키면서 모든 예술가들의 작품 활동과 연결시키고 있는 것이다.

> 미켈란젤로나 다빈치의 위대한 작품
> 또는 피카소도
> 한 작품을 마무리하면서
> 어딘가 미진해 보이는 구석이 있다고
> 작가 스스로 생각하고 있었던 것 같다.
>
> 작품 자체가 완벽한 것이었다면
> 그들은 더 이상
> 창작하지 못했을 것이다.

작품 속에 미진한
　　무엇이 남아 있었기 때문에
　　그 여백 메우려고
　　계속 다음 작품 생산했던 것이다.

　　모나리자의 미소 속
　　여백의 공간이 그렇고
　　피카소의 "게르니카의 학살"이란 작품에서
　　끝나지 않는 말들의 절규가 그렇다.

　　아마도 이런 부분이
　　독자의 감성을 자극하기도 하고
　　또 감동을 주고 있는 것인지도 모르지만

　　예술이란 끊임없이
　　부족한 여백을 채우는 것이라고
　　나는 루브르박물관에서 생각해 보았다.
　　　　　　　　　　　　　―「미완성의 미학」 전문

　여기서 보여주고 있는 것은 예술가들이 작품 활동을 할 때 완성된 작품마다 채워지지 않는 부분이 필연코 있기 마련이고, 이 미진함 때문에 다음 작품을 낳게 된다는 것을 노래하고 있다.「모나리자의 미소」가 주는 여백의 공간이 그렇고, 피카소의 게르니카의 학살에서 끝나지 않는 말들의 절규가 그렇다. 또한 바로 그 점이 각 작품마다 감동을 주는 요소가 되며 이런 미완의 에너지들이 모여 있는 곳이 프랑스 루브르 박물관이라 지적하고 있다.

    그런데 앞에 보인 시들과 달리 시인 자신이 감성을 가장 잘 드러내 보여주는 시들이 있다. 즉 내면에 흐르는 생활 속 정감을 고백하듯 잔잔한 호흡으로 읊고 있는 것이다. 특히 「산책 1」, 「산책 2」가 그런 작품이라 할 수 있는데 동원된 이미지가 마음의 톤과 적재적소에 어울려 응분의 효과를 거두고 있다.

    호젓한 뜰이 있다
    외로운 산길이 있다
    바닷가 한적한 모랫길이 있다.

    나는 그런 곳에서
    산새 소리에 귀 기울이며
    야생의 꽃빛깔에 매료되기도 하며
    노을빛 안고 출렁이는
    파도 소리 들으며
    황홀한 순간이 주는
    혼자만의 시간에 잠긴다.

    돌아오는 길

그런 원초적인 빛깔과 야생의 소리를
시의 날개 위에 얹어 보지만
나는 번번이 빈 날개로 돌아올 뿐이다.

쓸쓸한 날개 퍼덕이며
고독한 모습으로 돌아올 뿐이다.

— 「산책散策 1」 전문

"호젓한 뜰, 산길, 바닷가 모랫길, 야생의 꽃빛깔, 노을빛"과 같은 "원초적 빛깔과 야생의 소리를 시의 날개 위에 올리기 위해 늘 힘쓰지만 그럴 때마다 번번이 실패해 빈 날개로 돌아온다."는 쓸쓸함을 노래하고 있다.

이것이 「산책 2」에 오면 또 다른 뉘앙스로 포개져, 그 밀도가 더욱 짙어지게 된다. 여기서 산책길의 숲은 찔레나무 하얀 미소들을 제 품속에 조용히 간직한 곳이며, 바람은 강물에 띄운 누군가의 연서가 되어 그리운 사람의 가슴을 거쳐 노을로 무늬져 내 가슴 젖게 하는 것이다.

찔레나무의 하얀 미소들이
가득 차 있는 호젓한 길을
숲은 제 품속에 조용히 간직하고 있다.

누군가 연서라도 써서

강물에 띄우면 그 사연 결국
그리운 사람 가슴까지 닿아
번지는 노을로 출렁일 것 같은
무늬 실은 바람 되어
실버들 가지 맴돌다
다시 나의 가슴 젖게 한다.

오늘도 서녘에 남은 햇살
흐르는 물결에
그녀가 남긴 눈웃음 뿌리며
보이지 않은 곳까지
소곤거리며 흘러가고 있다.

맑게 저무는 하루
느닷없이 아려오며 설레게 하는
남은 햇살과 바람 때문에
나는 어둑해질 때까지
혼자 정처 없이 걸으며
끝없이 서성거리고 있는 것이다.

―「산책散策 2」전문

  여기서 동원된 이미지는 단순 이미지가 아니라 여러 가지 분위기가 주는 뉘앙스와 결부되어 시인 자신의 그런 복잡한 감회 속에 흐르고 있는 것이다. 그래서 어둑해질 때까지 혼자 정처 없이 걷고 있는 것이다.

  단편적이지만 헤겔의 정신 현상학의 한 단면을 보여 주는 시도 있다.「성장하는 모습」을 보면 정신 현상학의 한 과정을 시적으로 개편해 우리 삶의 모습과 연결시키고 있는 것이다.

    씨앗이 제 자신의 틀을 깨며
    떡잎으로 돋아나고
    떡잎이 제 자신을 부정해
    줄기로 자라나고
    줄기는 다시 푸른 잎들로 피어나고
    푸른 잎들은
    또다시 꽃잎을 피워내고 있다.
    하나의 꽃이
    새로운 씨앗으로 잉태되는 것처럼
    제가 지닌 틀을 부수면서
    새로운 형상으로 성장하고 있다.

    햇살과 비를 맞으며
    서로가 서로에 영향을 주면서
    보다 성숙한 모습으로 변모해 가는 것이다.

    우리 사회도 저처럼
    낡은 제도의 틀을 깨고
    새로운 형상 만들어

  서로에게 생긴 앙금 가라앉히고
  잘 삭혀진 형태로 변모해 간다면
  눈부신 향기
  가득한 모습으로 성장해 갈 것이다.
—「성장하는 모습」 전문

 씨앗을 부정해 떡잎이 되고 떡잎을 부정해 줄기와 잎이 되며 다시 그것을 부정해 꽃이 되는 과정을 그리고 있다. 그것을 햇살과 비를 맞으며 서로가 서로에게 영향을 주어 변모해 가는 과정을 우리 사회의 모습으로 유추하고 있다. 그래서 그런 과정이 결국 눈부신 향기가 되어야 한다는 긍정의 세계를 노래하고 있다.

 이처럼 긍정과 부정의 세계에 대한 융합은 「작용과 반작용」에서도 볼 수 있다. 서로 등 돌려 있어도 또 보이는 각도가 어긋나 있어도 결국 마주 보기 위한 예비 운동 같은 것이라는 변증법적 희망을 노래하고 있다. 그렇게 되는 과정이 어떤 필연처럼 보이지 않는 힘에 의해 하나의 지평선으로 나아가는 것이다.

  서로 등 돌려 앉아 있어도
  보이는 풍경 서로 달라도
  꿈꾸는 각도가 어긋나 있어도
  결국 서로 마주 보기 위한

예비 운동 같은 것이라 생각해 본다.

모든 것은
보이지 않는 작용에 의해
끝내는 같은 지평선으로
나아가는 것이라 생각해 본다.

우주가 팽창해
별과 별 사이 멀어져 가도
처음 한 점에서 분리되었듯이
어느 땐가 서로의 중력이 있는 한
결국 하나의 원점으로 되돌아올 것이다.

서로가 서로를 믿기에
작용이 반작용을 낳아
한순간 다른 방향으로 갈지라도
서로 마주보기 위한
몸짓이라는 것을 우리는 알기 때문이다.

적도에서 나비의 날갯짓이
차츰 커다란 태풍을 이루듯이
그의 작은 눈짓 하나하나가
마치 커다란 만남이나 사랑이 되듯이

―「작용과 반작용」 전문

이런 긍정의 신념을 「꿈」에서도 볼 수 있는데, 꿈속 새와 함께 떠오른 바위를 어떤 신념이나 믿음 없이는 불가능하다고 노래하고 있다. 그러면서 그와 함께 부석사에 떠오른 바위와 연결시켜 보고 있는 것이다. 천 년 전 임의 뜻에 따라 공중에 부양된 그 바위 역시 어떤 신념이 아니고는 불가능하다는 긍정의 세계를 나타내고 있다. 그러면서 그런 신념에 대해 전연 회의가 없는 것도 아니다. 작품 「마음이」 그런 것을 보여 주고 있다.

    서로의 마음 벽돌처럼
    차곡차곡 쌓아
    탑처럼 견고하게 만들 수 있는 것이라면

    서로 마음 포개어
    오랫 동안
    웃을 수 있는 시간
    그대로 간직할 수 있는 것이라면
    더 이상 편안하고
    다행스러운 일이 없을 것이다.

    살아 있어 피가 도는 마음이란
    늘 꿈틀대며 움직이는 것이어서
    바다처럼

> 손에 잡히지 않고 벗어나는
> 정처 없는 것이어서
> 한자리 붙박여 있지 못하고
> 항시 떠돌고 있는 것이다.
>
> 다시 제자리로 돌아오기 위해
> 부단히 상처받고 뉘우치기도 하면서
> 언제나 숙명처럼 떠돌고 있는 것이다.
>
> ―「마음」전문

  여기서 마음이란 벽돌처럼 차곡차곡 포개어 안주할 수 있는 것이 아니고, 늘 꿈틀대고 요동치는 것이어서 고정시킬 수가 없다. 그래서 언제나 어긋나고 상처받는 것이다. 그러니까 그런 마음의 성질이란 숙명처럼 평생 떠돌 수밖에 없다. 즉 이런 좌절에 관한 것을 노래하고 있다. 이 시인이 보여 주고 있는 많은 작품 중에 몇 안 되는 부정의 세계라 할 수 있다.

  이런 시들과는 달리 사물이나 인간에 대한 애환을 노래하면서 그것이 시인 자신의 육성적 톤과 결부되어 하나의 실존적 현상을 보이고 있는 시들이 있다. 그것이「파도」,「서편제」,「동백꽃」등이다.

> 저 영원한 에너지를 무엇이라 할까.
> 고생대부터 지금까지

끊임없이 출렁이고 있는
저 쉼 없는 몸짓을 무엇이라 할까.

억센 힘으로 부딪치고 쓸어버리는
거대한 바윗돌도 몽돌로 만드는
저 끊임없는 일렁임을 무엇이라 할까.

무기물이지만 살아 있는 감성으로 움직이는
잔잔하다가도 격하게 밀어치는
저 영원한 에너지를 무엇이라 할까
그냥 물질이라 할까 정신이라 할까.

인류보다 먼저 있었고
인류보다 더 오래 남을
저것을 도대체 무엇이라 이름 붙여야 할까.
　　　　　　　　　　　　　　　—「파도」 전문

　파도의 원초적 우주의 에너지와 결부시켜 육성적 톤으로 읊고 있다. 그 에너지는 인류보다 먼저 있었고, 인류보다 더 오래 남을 그런 것이라 노래하고 있다. 그것은 무기질이지만 살아 있는 감성이고 물질이면서 정신이다. 그것을 물음이라는 형식으로 전개되고 있지만, 이 물음 자체는 어떤 답변을 구하려고 하는 것이 아니다. 이 물음 자체가 벌써 하나의 답변 내용「파도가 무엇인가」를 동반하고 있다.

가슴 깊이 도는 가락으로
목청 꺾으며
파도 소리처럼 밀려오고 있다.

애절한 노랫소리
갈대숲 바람으로 실려 와서
찬 서리에 떨며 울먹이며 오고 있다.

모질은 애비와 눈 먼 딸의 손
서로 놓을 수 없듯이
질긴 인연
끊을 수 없는 시간의 고리로
소리는 산릉선 타고 오는데

풍문처럼 산야 헤매는 애조 띤 소리는
때론 봄이랑 출렁이는 보리밭이었다가
유채꽃 언덕 출렁이는 향기이기도 하다가
다시 노을 속에서 목젖 타며 다가오는 것이다.

―「서편제西便制」 전문

 서편제의 가락은 한恨의 정한情恨과 연결시키고 있다. 그것이 목청 꺾는 파도 소리로 밀려오기도 하고 찬 서리에 떠는 갈대숲 바람으로 다가오기도 하고 아버지와 딸의 끊을 수 없는 인연으로 다가오기도 한다. 그러면서 그 가락은 봄이랑 출렁이는 보리밭이었다가 유채꽃 언덕 출렁이는 향기가 되기도 한다. 그러면서 마침내 노을 속에서 목청 타고 오는 것이다. 이런 다양한 이미지들이 서로 융합되어 서편제의 가락을 농도 짙게 하고 있는 것이다.

그대 차가운 계절에도
새벽부터 불 밝히는 마음 아는가.

밀려오는 파도 바라보며
마음 조아려 타는 시간 아는가.

불꽃처럼
오직 불꽃처럼
피톨 하나하나 다 태우고 나서

드디어
사위어 가는 목숨
노을처럼 붉게 타는 마음 아는가.

―「동백꽃」 전문

이 작품 역시 「파도」처럼 하나의 질문 형식을 취하고 있다. "그대 차가운 계절에도 새벽부터 불 밝히는 마음 아는가."로 시작되는 이 시는 동백꽃이 지닌 그리움의 톤을 이런 식의 질문으로 전개하면서 응분의 효과를 거두고 있다. 그것이 마음 조아려 타는 시간, 피톨 하나하나 다 태우고 나서, 사위어 가는 목숨이나 노을처럼 붉게 타는 마음과 결부되어 동백꽃의 모습을 김종근 시인의 특유의 필치로 그려 주고 있다. 그 표현의 육성적 질문 형식을 빌리고 있지만 이 시 역시 질문 그 자체가 바로 동백꽃의 내용이 되어 독자의 감성에 호소하고 있는 것이다.

　이것 이외에 이 시집이 보여 주고 있는 다양한 소재 중에서 특히 불교적인 내용이 시선을 끌고 있다. 「마애불의 미소 1」, 「팔만대장경」, 「영축산의 바람」 등이다. 불교적 소재를 다루고 있는 이 작품들은 나름대로의 깊이와 통찰을 지니고 있다.

　　서산 용현계곡 마애불 미소
　　달맞이꽃 잎에 어리는
　　달무리 선이라 할까.

　　여름 저녁 못 물가
　　수련에 잠시 쉬다 가는
　　여린 바람의 흐름이라 할까.

　　한평생 살아본 이가 마루에 기대어
　　어쩌면 마지막이 될
　　노을빛 보고
　　사무치게 고맙다는 듯
　　고개 끄덕이는 미소라 할까.

어둠 삭혀 두고
가슴속 폭풍도 재워 두고
편안한 아주 편안한 저 모습은

우리의 피돌기 속에
아늑한 자장가가 되어
지금 돌 속에
숨 쉬고 있는 것이다.

지금 내 가슴에도 다가와
조용히 숨쉬고 있는 것이다.

―「마애불의 미소 2」 전문

  마애불의 미소를 우리들 삶의 지문이 묻은 이미지와 연결시켜 성공해 보이고 있다. 달맞이꽃잎에 어리는 달무리 선, 수련에 잠시 쉬어 가는 여린 바람, 노을빛 보고 고개 끄떡이는 미소, 피돌기 속에 도는 자장가라는 이미지와 융합되어 '마애불 미소'의 분위기를 밀도 있게 드러내고 있다. 이 미소가 단조로운 단색의 톤이 아니라 여러 가지 음영과 결부되어 깊고 아늑한 미소로 다가오는 것이다. 즉 불교적인 내용을 그리고 있으면서도 전연 불교적인 용어를 쓰지 않고, 시적 효과를 거두고 있는 것이다.
  이 작품에 비해「팔만대장경」에서는 불교적 용어를 직접

적으로 쓰면서도 자연스럽게 불교의 세계를 시적으로 효과 있게 나타내 보이고 있는 것이다.

> 해인사 팔만대장경에서
> 가장 많이 보이는 글자는 무無자이다.
>
> 부처님 앞에 두 손 모아
> 열심히 기도하면
> 결국 끝에 가서 마주치는 것은
> 모든 것 비우고
> 무無로 향하는 것이다.
>
> 목탁 소리도
> 산새 소리도
> 고요한 정적도
> 결국 텅 빈 공간을 닮으라는
> 무無자 앞에 다다르게 되는 것이다.
>
> 무無가 색즉시공色卽是空이 되고
> 다시 공즉시색空卽是色이 되는
> 이치理致가 나를 에워싸고 있다.
>
> 알 것도 같고 모를 것도 같은 이 뜻을
> 나는 새삼 새겨 보고 있는 것이다.
> ―「팔만대장경八萬大藏經」전문

팔만대장경에서 가장 많이 보이는 것이 무無자라고 하면서 그 무無의 정체를 간략하게 나열해 보이고 있다. 어렵고 심각하다고 할 수 있는 이 무거운 주제를 별 어려운 수사 없이 쉽게 읽히게 하고 있다. '목탁 소리도, 산새 소리도, 고요한 정적도' 결국 텅 빈 공간을 닮으라는 무無라는 글자 앞에 다다르게 된다는 이 시는 무無가 색즉시공이 되고 다시 공즉시색이 되는 이치를 알 것 같기도 하고 모를 것 같다고 고백하면서 시를 마치고 있다. 자칫 현학적으로 떨어질 수 있는 이런 소재를 수사적 과잉 없이 나타내고 있다. 바로 이 점이 이 시가 지닌 기교라면 기교라고 할 수 있다.

이와 같은 맥락의 시 「영축산 바람」도 있다. '영축산에 흐르는 맑은 바람이 겨울 빈 가지 돌며, 집착하고 있는 마음속의 것들을 놓아라, 놓아라. 하고, 일상의 번잡한 모든 것들을 놓아라.' 하며 시인 자신에게 타이르고 있는 것이다. 결국 마음 텅 비어 본래의 무無로 돌아가라는 이 시는 「팔만대장경」의 무無와 이미지가 연결되어 있는 것이다.

이것 이외에 이 시집 『모나리자의 미소』에는 많은 소재를 다루고 있는 작품들이 보인다. 우리나라 여러 곳의 계절적 풍경 또는 이국적 풍경, 그리고 생활에서 오는 애환 등 여러 가지 소재를 다루고 있다. 각 작품마다 제각각 시적 맵시를 이루고 있다.

김종근

경북 의성에서 출생하여 《문학예술》과 《심상》으로 등단하였다. 시집으로 『홍시』(2011)가 있으며 대구문인협회, 대구시인협회, 심상시인회 회원으로 활동 중이다.

keun792@hanmail.net

김종근 시집
모나리자의 미소
ⓒ 김종근, 2018

초판 1쇄 발행 2018년 10월 19일

지은이 김종근
펴낸이 이은재

펴낸곳 도서출판 그루
출판등록 1983. 3. 26(제1-61호)
주소 42452 대구광역시 남구 큰골 3길 30
전화 053-253-7872
팩스 053-257-7884
전자우편 guroo@guroo.co.kr

ISBN 978-89-8069-390-0
* 이 책은 저작권법에 의해 보호받는 저작물이므로 무단 전재와 무단 복제를 금하며 이 책 내용의 전부 또는 일부를 이용하시려면 반드시 저작권자와 도서출판 그루에 서면 동의를 받아야 합니다.
* 잘못된 책은 구입하신 곳에서 바꿔 드립니다.
* 책값은 뒤표지에 있습니다.